BEI GRIN MACHT SICH IHR WISSEN BEZAHLT

AF144607

- Wir veröffentlichen Ihre Hausarbeit,
  Bachelor- und Masterarbeit

- Ihr eigenes eBook und Buch -
  weltweit in allen wichtigen Shops

- Verdienen Sie an jedem Verkauf

Jetzt bei www.GRIN.com hochladen
und kostenlos publizieren

Jonas Lövenich

Organisatorische Aspekte des Schwimmunterrichts

Verschiedene Konzepte

GRIN Verlag

Bibliografische Information der Deutschen Nationalbibliothek:

Die Deutsche Bibliothek verzeichnet diese Publikation in der Deutschen National-
bibliografie; detaillierte bibliografische Daten sind im Internet über http://dnb.d-
nb.de/ abrufbar.

Impressum:

Copyright © 2011 GRIN Verlag, Open Publishing GmbH
Druck und Bindung: Books on Demand GmbH, Norderstedt Germany
ISBN: 978-3-640-94740-9

Dieses Buch bei GRIN:

http://www.grin.com/de/e-book/174312/organisatorische-aspekte-des-schwimmun-
terrichts

GRIN - Your knowledge has value

Der GRIN Verlag publiziert seit 1998 wissenschaftliche Arbeiten von Studenten, Hochschullehrern und anderen Akademikern als eBook und gedrucktes Buch. Die Verlagswebsite www.grin.com ist die ideale Plattform zur Veröffentlichung von Hausarbeiten, Abschlussarbeiten, wissenschaftlichen Aufsätzen, Dissertationen und Fachbüchern.

Organisatorische Aspekte des Schwimmunterrichts

Verschiedene methodische Konzepte

Ausarbeitung

vorgelegt von

Jonas Lövenich

Studienfach: L3 Sport, Geographie, L2 Mathematik

Institut für Sportwissenschaft, Fachbereich 06

Seminar: Schwimmen, Sommersemster 2011

Gießen, Juni 2011

Inhalt

1. Ziele des Schwimmunterrichts

Bevor eine Lehrperson sich Gedanken darüber machen kann, wie sie ihren Unterricht gestaltet, ist es vorteilhaft die Frage des „Warums" beantworten zu können. **Warum sollte Schwimmen in der Schule unterrichtet werden?**

Schwimmen ist eine Fähigkeit, die Kinder häufig ein Leben lang gebrauchen werden. Die Gründe dafür sind vielseitig, aber am trivialsten sind:

- um in Gewässern überleben zu können,
- um die Fitness, Gesundheit und das Wohlbefinden zu fördern,
- somit auch als Anreizt für außerschulische Freizeitbeschäftigungen,
- um eine Form des Wettkampfs kennen zu lernen,
- sowie das hoffentlich Wichtigste: Spaß dabei zu haben.

Aber nicht nur die Schwimmfähigkeit sollte das alleinige Ziel ausmachen. „Der Anfängerunterricht soll einen wesentlichen Teil unserer Umwelt erfahren lassen, nämlich das Element Wasser und sein Einwirken auf unseren Körper. Er soll Einsichten in physikalische Gegebenheiten des Wassers und zweckmäßiges menschliches Verhalten wecken[...]"[1].

Zudem sollte man zur Beantwortung dieser Frage die verschiedenen Perspektiven (Schüler, Lehrer, Eltern, Kultusministerium, Pädagogen etc.) berücksichtigen. So ist im Hessischen Lehrplan für G8 nachzulesen: „Im Unterricht der Jahrgangsstufen 5G bis 9G soll der Schwerpunkt auf das Sportschwimmen (Lernen und Verbessern) gelegt werden[...] Darüber hinaus können im Sportunterricht mit verbindlichen Rahmenvorgaben, je nach schulischen Möglichkeiten und situativen Voraussetzungen (z.B. Sprunganlage), weitere Schwerpunkte gesetzt werden. Schwerpunktperspektiven können dabei sein: Sinneswahrnehmung verbessern, Bewegungserlebnis und Körpererfahrung erweitern; Gesundheit fördern, Gesundheitsbewusstsein entwickeln; Etwas wagen und verantworten (speziell im Wasserspringen); Kooperieren, wettkämpfen und sich verständigen (insbesondere auch im Wasserball, Synchronschwimmen)."[2]

Konkret lauten die verbindlichen Vorgaben[3]:

1.1 Verbesserung des Wassergefühls

- sich im und unter Wasser fortbewegen (Wasserwiderstand vs. Gleiten)
- sich im Wasser antreiben (z.B. mit Flossen, Brett, Paddels)

---

[1] K. Wilke, K. Daniel 2009, S. 12
[2] http://www.hessen.de/irj/HKM_Internet?uid=5453019a-8cc6-1811-f3ef-ef91921321b2
[3] Ebd. S. 74 f.

- im Wasser versinken, im Wasser schweben, die Kraft von Wasser spüren (Tragfähigkeit, Bremswirkung)
- sich mit Teilbewegungen über Wasser halten und Vortrieb erzeugen
- sich im Wasser nach historischen Vorbildern bewegen
- sich im Wasser orientieren (z.B. vielfältige Bewegungsaufgaben mit und ohne Hilfsmittel, allein, zu zweit, in der Gruppe; Drehen um verschiedene Achsen; Gleiten auf und unter Wasser, ins Wasser ausatmen; Sitzen, Knien, Stehen und Fortbewegen auf Brettern, „Noodels", Matten, Reifen)
- einfache Fuß- und Kopfsprünge (z.B. vielfältige und kreative Sprünge vom Rand und Startblock in Reifen, über Zauberschnüre, etc. ausführen)
- Hinführung zum Startsprung
- Tieftauchen (z.B. Schweben, Ausatmen, Sinken; fuß- und kopfwärts abtauchen; Gegenstände (Ringe, Münzen) vom Beckenboden (ca.2m) aufsammeln)
- Hinführung zum Weittauchen

1.2 Erlernen des Kraul- und Rückenkraulschwimmens

- Gleiten mit Kraulbeinschlag in Brust- und Rückenlage
- Armbewegungen in Wechselzugtechnik durchführen
- Beinschläge mit Armbewegungen koordinieren
- Hinführung zum regelmäßigen Atmen
- eine Strecke von 25 m in den Techniken Kraul und Rücken-
- kraul schaffen

1.3 Verbesserung der Technik des Brustschwimmens

- Flache Körperlage
- Ausatmen ins Wasser und Anheben des Kopfes zum Einatmen
- Schwunggrätsche der Beine
- Armzug und Beinschlag deutlich nacheinander
- eine persönliche Bestzeit über 50 m Brust aufstellen und diese eventuell verbessern
- 400 - 600 m ausdauernd in der Brustschwimmtechnik (Gleittechnik) schwimmen
- eine möglichst große Strecke in 15 Minuten schwimmen

Die Lehrpersonen müssen sich also mit solchen Vorgaben auseinandersetzten, werden aber auch ihre eigenen Vorstellungen von der Umsetzung der Theorie in die Praxis haben. Sie müssen den Spagat schaffen, anzuleiten/zu motivieren und gleichzeitig die Vorgaben erfüllen sowie das Bewerten. Eltern dagegen wird es primär wichtig sein ihren Kindern keine Gefahren auszusetzten, ihnen also die Angst vorm Wasser zu nehmen und sie sogar unbeaufsichtigt Schwimmen lassen zu können. Zudem können hier verschiedene Kulturen in Konflikt treten. Beispielsweise ist islamisch geprägten Eltern häufig wichtig, dass ihre Kinder sich im Schwimmunterricht nicht zu freizügig zeigen und auch die Wichtigkeit der allgemeinen Schwimmfähigkeit variiert in unterschiedlichen Kulturen. Für die Schüler steht der Spaß an der Sache im Vordergrund. Sie treffen sich auch außerschulisch in Schwimmbädern oder an Seen und gerade Jungs lieben Wassersprünge, sich darin zu vergleichen, oder das Raufen im Wasser. Aber auch im Zuge der Pubertät spielt Schwimmunterricht eine wichtige Rolle. Seinen eigenen Körper in Schwimmkleidung zu zeigen und Mitschüler in dieser Form wahrzunehmen, ist für viele Schüler eine neue Erfahrung. Damit verbundene Ängste sollten Lehrer wahrnehmen und darauf sensibel reagieren.

2. Vermittlungsstrategien

Wie in jedem Unterrichtsfach muss eine Lehrkraft auch im Schwimmunterricht, wenn auch oft unbewusst, zwischen einem **deduktiven** sowie **induktiven** Lernverfahren wählen. Während sich das deduktive (normgeleitete) Verfahren durch einen von außen vorgegeben, strukturierten Lernweg charakterisiert, so gibt das induktive (normsuchende) Verfahren dem Schüler mehr Spielraum, indem der Weg zum Ziel offen ist, und die Schüler Problemlösungen selbst erproben sollen. K. Reischle erläutert diese Form des Vermittels indem er aussagt: „Es fordert die Aktivität des Lernenden heraus, d. h. das Lernen als Prozeß ist dabei wichtiger als das Produkt des Lernens"[4]. Zwei typische Stundenverläufe für die jeweiligen Vermittlungsstrategien können dabei folgendermaßen ablaufen:

Abb. 1: Tabelle Vermittlungsstrategien

deduktiv („normgeleitet)	induktiv („normsuchend")
Bewegungsanweisung /-demonstration (ggf. Bewegungshilfen) ↓ Üben ↓ Anwenden	Bewegungsaufgabe ↓ Erproben und Suchen ↓ Herausstellen der besten Lösung ↓ Üben ↓ Anwenden

Dennoch sollten beide Verfahren nicht getrennt voneinander angesehen werden. Vielmehr ergänzen sie sich in ihren Vor- und Nachteilen und können auch in Mischformen in den Unterricht integriert werden. So können elementare Fertigkeiten durchaus mit dem induktiven Verfahren von Schülern selbstständig angeeignet werden, komplexere Bewegungen mit feinen Zielen sollten dagegen weiterhin vom Lehrer vorgegeben werden.

---

[4] Reischle, Klaus: Zur Vielseitigkeit und Mehrperspektivität des Schwimmens. In: Gesund durch Schwimmen. Schorndorf Verlag. 1998. S. 44

3. Wie kann Schwimmunterricht organisiert werden? Konzepte für den Schwimmunterricht

In der Literatur findet man zahlreiche fachdidaktische Konzepte, die sich im Zuge der Veränderung der Bildungsziele und Schulsysteme stetig verändern. Drei dieser Konzepte sollen im Folgenden näher erläutert werden. Das **Handlungsfähigkeitskonzept**, das **Körpererfahrungskonzept**, sowie das offene **Bewegungskonzept**.

3.1 Das Handlungsfähigkeitskonzept

Bei diesem Konzept soll die Handlungsfähigkeit der Schüler erweitert werden. Dies soll durch die „Verknüpfung von übergeordneten Orientierungen mit sportfachlicher Vermittlung"[5] erreicht werden. Die Lehrer/innen schaffen Transparenz indem sie „übergeordnete Orientierungen", wie zum Beispiel die Vorgaben des Hessischen Lehrplans den Schülern erläutern, und sie dann selbstaktiv an dem Erreichen des Ziels mitgestalten lassen. Die eigenen Erfahrungen auf dem Weg zum Ziel, die die Schüler hierbei machen, stehen im Mittelpunkt dieses Konzepts.

3.2 Das Körpererfahrungskonzept

Wie der Name verrät, konzentriert sich dieses Konzept auf den Menschen und vor Allem auf seinen Körper. Hier wird die „Aufmerksamkeit auf den eigenen Körper, auf Körperkontakte, auf situative Bedingungen und Materialien"[6] gelenkt. Gerade im Wasser gibt es eine Vielzahl von Möglichkeiten, den eigenen Körper besser wahrzunehmen.

Als „toter Mann" kann man versuchen sich waagerecht auf das Wasser legen und spüren, wie es einen trägt. Man kann mit vielen Schülern, die im Kreis laufen einen richtigen Strudel erzeugen, oder man macht sich klein wie eine Kugel und merkt dann, dass andere Schüler einen dadurch viel leichter auf den Boden drücken, als wenn man sich streckt.

Berührungsängste abzubauen und Mitschülern dadurch lernen zu vertrauen kann als wichtige pädagogische Aufgabe angesehen werden. Im Körpererfahrungskonzept findet es seine Beachtung.

---

[5] Reischle, Klaus: Schwimmen. Bewegungen lernen – Trainieren – Spielen. Verlag Moritz Diesterweg. Frankfurt am Main. 2000. S. 2 f.
[6] Ebd. S. 20

3.3 Das offene Bewegungskonzept

Beim offenen Bewegungskonzept übernimmt der Lehrer die Rolle des Moderators. Er gibt keinen Weg vor und lenkt die Schüler kaum. Er versucht vielmehr mit ihnen zusammen Bewegungsideen zu formulieren, zu diskutieren, oder zu inszenieren. Das Konzept ermöglicht es allen Schülern den Unterricht mitzubestimmen. Wer sich selber Wege und Konzepte erstellen kann, wird diese besser befolgen, denn die eigenen Regeln sind viel authentischer.

Auch hier ist zu empfehlen, die Konzepte nicht starr einzeln anzuwenden. Schüler reagieren oft anders als erwartet, sodass es schwer ist in der Theorie eine Patentempfehlung auszusprechen. Vielmehr sollte es darum gehen Lehrern ein Bewusstsein zu schaffen, aus welchen vielseitigen Möglichkeiten sie schöpfen können.

4. Kommunikation

Wie erreicht der Lehrer die Schüler? Wie kann er sein Know-How gezielt und am besten einsetzten?

Dazu unterteilt man im Sport in drei Vermittlungsebenen, die folgende Möglichkeiten bieten:

verbal	visuell	praktisch
Bewegungsanweisung	Bewegungsdemonstration	Bewegungshilfe
Bewegungserklärung	mediale Bewegungsdarstellung (Photographie, Grafiken, Videos)	Bewegungssicherung
Bewegungskorrektur		

Dabei sei anzumerken, dass je mehr Sinne ein Lehrer anspricht, desto höher ist die Aufmerksamkeit und desto effektiver können die Schüler den zu vermittelnden Stoff aufnehmen. Häufig ist zu beobachten, dass der Sinn des Fühlens, also praktische Bewegungshilfen, zur Vermittlung zu kurz kommt.

5. Fazit

Zusammenfassend fiel mir in meinen Recherchen auf, dass zwar viele gutdurchdachte, verschiedene Konzepte für den Schwimmunterricht kursieren, die Empfehlung aber häufig daraus hinausläuft diese zu kombinieren. Letztlich halte ich es für wichtig, Lehrer für die Kritik dieser Konzepte zu sensibilisieren ebenso wie deren Chancen, Möglichkeiten und Vorteile zu erkennen. Lehrer sollten meiner Meinung nach ihr Vorgehen vertreten und vor Anderen sogar rechtfertigen können. Sie sollten ein Bewusstsein dafür haben mit welchen vielfältigen Möglichkeiten sie Schüler im Schwimmunterricht fördern können.

6. Literatur- und Abbildungsverzeichnis

Bücher

- Wilke, Kurt / Daniel, Klaus: Schwimmen: Lernen, Üben, Trainieren. 7. Auflage. Limpert Verlag Wiebelsheim. 2009.
- Graumann, Dieter / Lohmann, Holger / Pflessner, Wolf: Schwimmen in Schule und Verein. 6., aktualisierte Auflage. Pohl Verlag. Celle 2001.
- Reischle, Klaus: Zur Vielseitigkeit und Mehrperspektivität des Schwimmens. In: Gesund durch Schwimmen. Schorndorf Verlag. 1998.
- Reischle, Klaus: Schwimmen. Bewegungen lernen – Trainieren – Spielen. Verlag Moritz Diesterweg . Frankfurt am Main. 2000.
- Rieder, Hermann: Methodik und Didaktik im Schulsport, Freizeitsport, Leistungssport, Sondergruppen. München, Wien, Zürich. BLV Verlagsgesellschaft 1986.
- Söll, W. Sportunterricht – Sport unterrichten. Schorndorf: Hofmann. 1997

Internet

- http://www.elternforum6274.ch/alt/Medienberichte/Schwimmunterricht%20PS%20(Konzept).pdf (14.06.2011)
- http://www.schulsport-nrw.de/bzkoeln/Download/erlebnis_wasser_10_02.pdf (14.06.2011)
- http://www.ifs-tud.de/ifs/Arbeitsbereiche/Trainingswissenschaft/Recht/Material/Grundlagen_Stundenplanung.pdf (14.06.2011)

Abbildungen

- Abb. 1: Tabelle Vermittlungsstrategien: http://www.ifs-tud.de/ifs/Arbeitsbereiche/Trainingswissenschaft/Recht/Material/Grundlagen_Stundenplanung.pdf (14.06.2011)